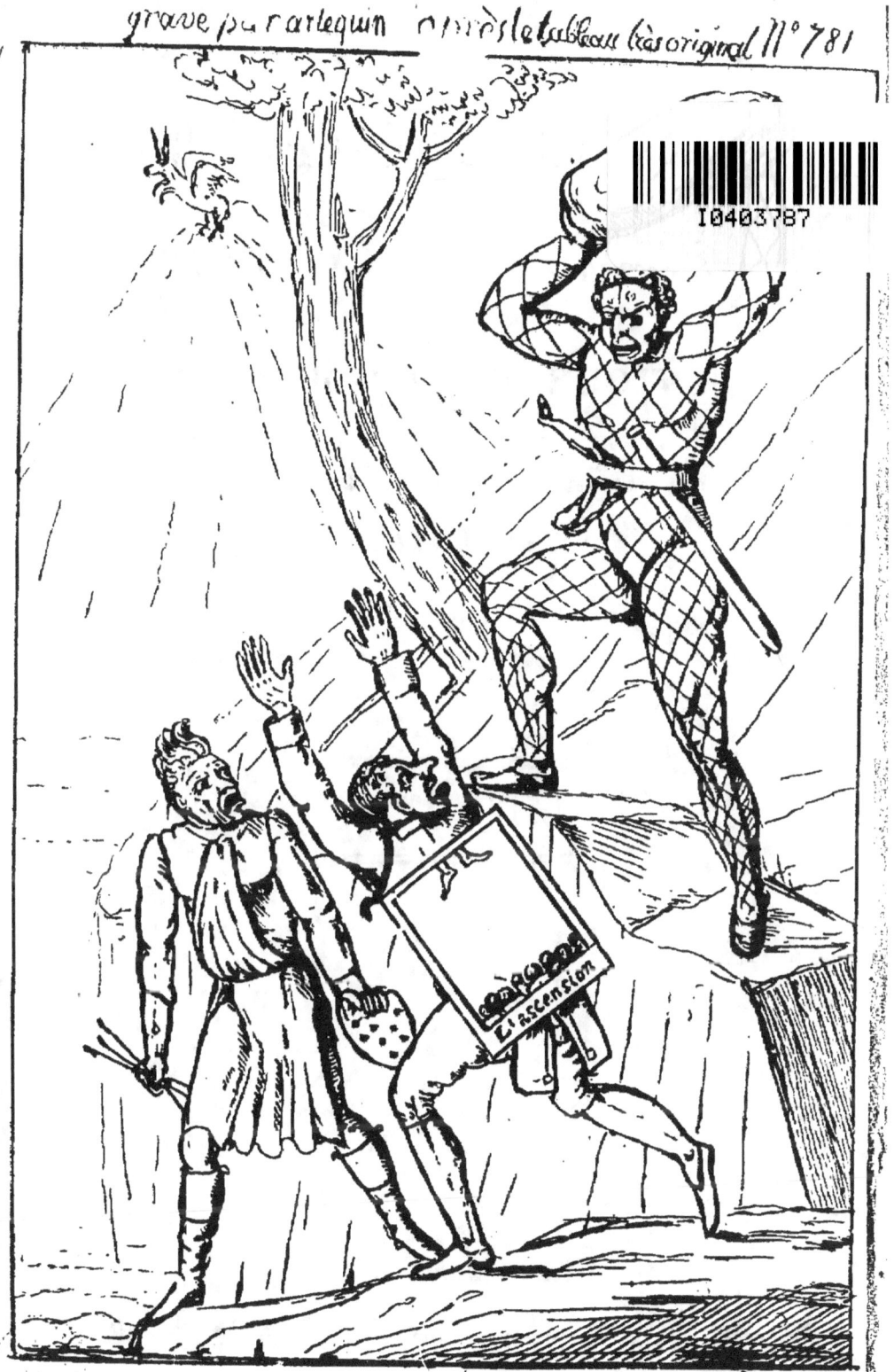

ARLEQUIN POLYPHÊME
Jettant la pierre aux Artistes

ARLEQUIN POLYPHÈME,

JETANT LA PIERRE AUX ARTISTES;

CRITIQUE EN VAUDEVILLE,

DES TABLEAUX EXPOSÉS AU SALON
EN 1814.

Nº Iᵉʳ.

À PARIS,

Chez STAHL, Libraire, rue Saint-Jacques, Nº 38;
Et chez tous les Marchands de Nouveautés.

ARLEQUIN POLYPHÊME.

·>‹··›‹··›‹···›↓‹··›‹··›‹··›‹·

M. ARLEQUIN, vous m'enfoncez une côte. — M. Arlequin, vous me foulez le bras. — Ah ! mon Dieu ! vous m'écrâsez le pied ! — Ah ! je me trouve mal ! — Ah ! vous m'étouffez ! — Oui, oui, plains-toi : ici, chacun pour soi, et des taloches pour tous ; il faut que j'arrive.... Enfin, m'y voici. Je n'en puis plus ; j'ai passé entre les jambes de l'un, j'ai sauté par dessus les épaules de l'autre..... Mais, *la crise finie, je suis sur mes jambes, et vive le Roi !* Hâtons-nous de monter ce grand escalier. — Monsieur, Monsieur, votre sabre au bureau, s'il vous plaît. (Peste soit du surveillant !) — Je n'ai point de sabre. — Mais, cette arme. — Quoi ! ma batte ? Eh ! mon ami.

AIR : *Ce Mouchoir, belle Raimonde.*

DE l'arme du badinage
Les auteurs ne craignent rien ;
D'en faire le moindre usage
Sans doute il n'est pas moyen ;
Par eux, tous traits satyriques
Sont prévus. — Détrompez-vous ?
Pour *désarmer* les critiques
Ils se reposent sur nous.

PREMIER SALON.

N° 781. *Acis et Galathée.*

Que vois-je ! un, deux, trois, quatre, cinq,
six Portraits en pied..... de bons Portraits ; cela
s'annonce mal : méditez cette phrase, Messieurs
les Amateurs. Ah ! voilà un tableau de connais-
sance : Acis et Galathée. Miracle ! Messieurs, il
est poussé un œil à ce Polyphême : il y a cinq
ans, il n'en avait qu'un ; si cela continue, dans
quelques siècles d'ici il sera métamorphosé en
Argus.

> Air : *Ne ressemble pas mal au bal.*
> Acis, assis près de sa conquête,
> Le soir d'un beau jour,
> Parlait d'amour
> En tête à tête ;
> Un méchant
> Géant,
> Qui les surprend,
> Trouble la fête ;
> Et prend tout-à-coup, je ne sais où,
> Le gros caillou....

furieux, il le lève sur les amans ; et voilà le
tableau :

> Acis pâlit à cette vue ;
> De frayeur la belle est éperdue :
> L'un a les deux bras vers la nue,
> Et l'autre a les deux bras
> En bas.

— Paix ! paix! Messieurs les Censeurs ; vous n'y connaissez rien ; ce contraste de poses est pittoresque. Que reprochez-vous d'ailleurs à cet ouvrage? — Vous ne voyez pas, Arlequin, que ce géant paraît plus près de nous que les amans, parce que le tableau manque de repoussoirs; que ces figures sont sans expression; que cet Acis surtout est roide et guindé; qu'il a le torticoll...... que....

Air : *Je voudrais voir à chaque instant.*

Nous différons du blanc au noir,
Messieurs, souffrez que je m'explique ;
Moi, je ne vois que *repoussoir*
Dans ce tableau que l'on critique.
On peut concevoir aisément
D'Acis la *pose* singulière ;
Peut-on courir légèrement
Quand on va *mourir de la pierre?*

Je le prends sous ma protection ce tableau ; ces amans m'intéressent ; je les plains ; mais je maudis ce vilain jaloux.....

Air : *Entre voisins c'est la coutume.*

Vous êtes, Monsieur Polyphême,
Un homme de *mauvais dessein.*
Écraser la beauté qu'on aime,
Est un procédé fort vilain.
Comment auriez-vous pu lui plaire,
Puisque vous êtes un *vaut-rien?*
Ah ! si vous lui *jetez la pierre,*
Tout le monde vous le rend bien.

Moi le premier....., je m'en empare de cette pierre : puisque le Suisse m'a désarmé, ce sont les artistes eux-mêmes qui me fournissent des armes.

N° 229. *Les Lys*, ou *la Sortie du Te Deum.*

Voilà deux jolis tableaux (N°s 229 et 230) le Partage des Lys. C'est bien ; mais, mademoiselle, votre robe de gaze est bien froissée ; d'où sortez-vous, s'il vous plaît ? — Du *Te Deum*, Monsieur. — Je veux le croire.... Vous sortiriez du salon de 1814 que vous ne seriez pas plus *pauvrement* costumée. — Vous voulez dire plus mal *drapée*, M. le Censeur. — Ouf! c'est pour moi....

N° 230. *Une Partie de Masques.*

Bon jour, beaux masques.

AIR : *Un jour il est agriculteur.*

Joli Pierrot, belle Fanchon,
Avec plaisir je vous salue ;
Une tendre explication
Sans doute vous tient dans la rue :
Croyez-moi, n'entrez pas au bal ;
Votre coloris un peu blême
Pourrait donner au carnaval
Une figure de carême.

N° 919. *Clair de Lune par un gros tems!*

M. Arlequin, par ici. Ce grand tableau de marine par un gros tems, n'est-il pas étonnant? Comme cette nuit est sombre! Cette mer est bien *la mer noire!* Voyez-vous cette tache rouge, ici, dans le fond?... Eh bien, c'est du feu sur un vaisseau ; à droite, vous n'apercevez pas des mâts qui sont de la couleur du fond, parce qu'ils ne sauraient être plus noirs : mais l'auteur ne pouvant les peindre les a modelés ; aussi forment-ils relief sur la toile, tant la couleur en est épaisse. Admirez surtout comment, malgré l'obscurité, on distingue si bien, dans le milieu de la mer, cette femme demi-nue, dont je ne sais quoi embrasse les genoux. — Oui, Messieurs, j'admire tout cela.

Un jour sur un bateau fragile,
C'était le soir,
Fanchette voguait fort tranquille,
Il faisait noir ;
Soudain l'orage siffle et gronde,
Fanchette eut peur ;
Le bateau s'abîma sous l'onde,
C'est un malheur.
C'était le soir, il faisait noir,
Fanchette eut peur, c'est un malheur.

N° 158. *Vue du Jardin du Musée des Monumens français.*

Ah ! bon jour, charmant jardin des souvenirs français, tombeaux des chevaliers et de leurs belles, vieux monumens de notre histoire, statues des grands hommes qui nous ont gouvernés, je vous reconnais ; je vous salue avec transport.

— Mais pourquoi cette verdure a-t-elle une teinte si étrangère ?... Et quel est cet original assis sur le devant, qui paraît occupé à dessiner ? — Chut ! c'est le *primo mihi.* — Comment ?... que voulez-vous dire ? — Vous ne m'entendez pas ? cela m'étonne.

AIR : *De l'incarnat qui te colore.*

Primo mihi, je vous proteste,
Est pourtant devenu françgis ;
N'importe, Messieurs, je me tais,
L'artiste vous dira le reste ;
En vains propos chacun se perd
Pour critiquer cette verdure ;
Du tout, hâtons-nous de conclure
Qu'ici l'auteur s'est mis au verd.

Deux Baigneuses et un Satyre.

Ah ! sans numéro ; vous espérez, Monsieur, nous échapper à la faveur de l'anonyme ; vous n'aviez rien à craindre : vos Nymphes au Bain

sont d'assez jolies grisettes ; votre paysage est
assez vague, et surtout, Monsieur, ce beau Satyre
langoureux qui craint de se mouiller les pieds
pour aller donner la main à ces dames. Comme
sa physionomie exprime l'amour platonique !
Non, sans doute, il ne sera pas toujours victime
de sa discrétion.

Air : *Femmes, voulez-vous éprouver ?*

Ce Satyre sentimental
Est un personnage assez rare ;
Sans doute il rime un madrigal
Pour celles dont l'eau le sépare ;
Mais, tôt ou tard, un doux lien
Calmera ses tendres martyres ;
Et vos Baigneuses, je crains bien,
N'échapperont pas aux satyres.

N° 924. *Henri IV chez la veuve Leclerc.*

Messieurs, passons ce Henri IV, je vous en
prie ; je ne pourrais retenir mon indignation en
voyant comment on a massacré ce bon roi.

N° 16. *Combat de Coqs* (par Auguste).

Voilà un terrible combat.

Air : *A voyager passant sa vie.*

Pour les yeux d'une jeune Hélène,
Deux champions, pleins de fureur,

Combattent ici sur l'arène ;
L'un d'eux paraît déjà vainqueur :
Hélène, la bouche béante,
Attend la fin de ce grand choc ;
Sans doute elle sera contente,
Car le vainqueur est un *bon coq.*

Comment , Arlequin, où voyez – vous une Hélène? Point de *coq* à l'âne, Messieurs; je parle de ce Combat de Coqs.

N° 33. *Combat de Coqs* (par BARABAND.)

En voici un autre peint à l'huile *par feu....* Passons ; ne troublons pas la cendre des morts.

N° 607. *Trait de bonté de Henri IV.*

Encore un Henri-IV, qui ne ressemble pas...

AIR : *Sire , entre nous la terre est lasse.*

DE ce roi bon , vaillant, aimable,
Ici je ne vois pas les traits ;
Sans doute on n'est point excusable
De tronquer ainsi ses portraits ;
Son image fut conservée
Par les maîtres les plus parfaits ;
D'ailleurs, n'est-elle pas gravée
Au fond de tous les cœurs français.

Sans doute il est pénible de voir une dame *mal traiter* un roi qui traitait si bien les dames. Pardon, mademoiselle Le Duc; cette petite sortie pourrait vous blesser, et j'en serais fâché, surtout si vous êtes jeune,.... parce que votre Tableau offrirait des espérances. — Vos paysans ont de l'expression ; et à cela près de quelques chevaliers de bois qui sont sur les derniers plans, votre composition n'est pas mauvaise. Mais rappelez-vous cette maxime de Rubens : « Défiez-vous du blanc, c'est la ruine de la peinture. » — Que murmurez-vous tous bas, vous autres, pendant que je fais l'homme d'importance? — Nous disons que ce confident n'est pas d'à-plomb. — C'est sans doute un favori qui est près de sa chûte.

N° 69. *Agar dans le Désert.*

Pauvre Agar ! que je vous plains ! que ce désert est aride ! que la soif est un mal cruel ! et qu'il est cruel, surtout, de voir périr un grand beau jeune homme comme votre fils, sans pouvoir lui donner de secours.—Heureusement, la fatigue et la douleur ne vous ont point abattue ; *la soif ne vous a point altérée*, car vous êtes fraîche comme une rose ; vous avez l'air aussi jeune que votre enfant ; et si vous n'aviez pas les bras difformes, vous seriez vraiment charmante ; mais calmez vos craintes, aimable juive ;

AIR : *Pégase est un cheval qui porte.*

Un bel ange *couleur de rose*,
Sur un nuage d'*opéra*,
Vient vous annoncer quelque chose
Qui bientôt vous consolera ;
Cet immortel *aux bras en lyre*
Vous jette un modeste regard,
Et ce regard semble vous dire :
Vous avez de *grands yeux*, *Agar*.

Déjà j'entends jaillir l'onde bienfaisante qui va rendre la vie à votre fils , la fraîcheur de la cascade le ranime ; sa prunelle se soulève , sa bouche s'entrouvre, et sa voix :

A boire, à boire, à boire,
Nous en irons-nous sans boire ;
Partirons-nous sans boire un coup ?

Ah ! maman, que je l'échappe belle !
Je vote en ce lieu,
Pour le bon Dieu,
Une chandelle ;
Car j'allais, dans la nuit éternelle,
Joindre sans remord,
Au sombre bord,
Mon chameau mort...

La pauvre bête ! elle est là-bas gissant sur le sable avec son conducteur...

N° 3. *Site d'Italie.*

M. Arlequin, comment trouvez-vous ce paysage. — Ma foi, Messieurs, je ne suis pas grand connaisseur; j'avouerai que *je n'y vois que du bleu.* Cependant ces figures me paraissent faire très-mauvaise figure.

N° 918. *Vue du Lac Meller.*

Et celui-ci ? — Encore mieux. Il est au-dessus de ma critique, *je n'y vois que du feu.*

Entrons, Messieurs, dans le deuxième salon; ce sont surtout *les historiens* que je brûle de passer en revue.

———————

DEUXIÈME SALON.

Nº 1365. *Tableau de Famille.*

Demi-tour à droite, s'il vous plaît. Ah ! Madame que vous êtes mal habillée ! Quel est donc l'artiste inhabile qui fait vos robes et vos corsets ?

Mais je me trompe : honorons plutôt la modestie de M. Grandin, qui, sans doute, n'a pas osé lever les yeux sur les contours qu'il avait à retracer.

Air : *Si j'étais la gaze légère.*

VAINEMENT son pinceau s'efforce
D'arrondir deux globes égaux ;
Il ne sait pas qu'un beau divorce
Sépare ces jolis jumeaux :
En vain, sur des touches d'ébène,
Il posa vos doigts délicats ;
Dans vos yeux nous voyons sans peine
Que vous ne touchez pas.

'Au reste, j'ignore si jamais M. Grandin a eu l'*ame meurtrière ;* mais il ne paraît pas plus versé dans la chasse aux perdreaux que dans la chasse aux colombes.

S'il eût su la chasse autrefois,
Il saurait, *lui qui n'est pas bête*,
Que lorsque l'on va dans les bois
On met un chapeau sur sa tête.

Taisez-vous, mauvais plaisans ; ne voyez-vous pas que ce chasseur a mis sa casquette dans sa carnassière.—Mais pourquoi cette maman a-t-elle une jambe de deux aunes de long ? Pourquoi ? — Pourquoi ?... Eh ! Messieurs ; laissez en paix ces honnêtes bourgeois.

AIR : *Vous voyez bien ce bouquet là.*

DE ce couple patriarchal
Je partage l'ivresse ;
On voit que l'amour conjugal
Embellit leur vieillesse ;
Rien ne pourrait troubler l'ardeur,
Qui tous deux les enflamme ;
Car si madame vaut monsieur,
Monsieur vaut bien madame.

N° 635. *La Laitière et les deux Enfans qui volent son lait.*

Qu'elle est gentille cette laitière endormie ! Sa figure chiffonnée est charmante ! Ces enfans sont des espiègles, *quoiqu'ils n'en aient pas l'air.* Tout ceci est fort joli ; mais en vain l'artiste a eu soin de cacher le lait. Il s'est répandu sur le tableau, et le coloris en a pris la teinte.

N° 620. *Une Dame et son Enfant effrayés par l'orage se réfugient dans un tronc d'arbre.*

Divine Providence! je reconnais là ta bonté : non contente de creuser des arbres pour les hiboux, tu en creuses aussi pour les Dames ; car qui pourrait douter que celui-ci n'eût été fait tout exprès pour recevoir cette belle grimacière et son enfant. Il n'y en a pas deux aussi commodes dans l'univers. Il lui va à ravir : je dis qu'il lui va, car il prend les formes les plus étranges pour ne point déguiser celles de la Dame. Il a vraiment été échancré sur sa taille. Belle Amadryade ! M. *Leguay* qui vous a fait *une niche* aurait dû s'y mettre avec vous ; le tableau n'en eût pas été moins *gai*, et M. *Leguay* pouvait bien aussi avoir quelque raison de chercher un abri contre l'orage.

N° 747. *Polynice maudit par son Père.*

M. Arlequin, vous ne me dites donc rien ? — Qu'est-ce qui m'appelle ?... — Par ici. — Où donc êtes-vous ? — Là, au-dessus de la porte, N° 747. — Ah! c'est vous, M. Polynice ; la malédiction de votre père ne vous a point porté malheur, puisque vous avez obtenu cette belle place où l'on ne vous voit pas. — Mais, quoi?... serait-ce lui qui vous aurait démis l'épaule ? J'en serais surpris; malgré son bras en triangle et son gros bâton, *il a la figure d'un homme fort tranquille.* Ismène et Antigone *ne disent pas grand chose;* elles ont tant parlé depuis trois mille ans! Croyez-moi, illustre famille, si vous vous lassez enfin du Public, cachez bien votre numéro, et allez en paix; personne ne s'avisera de trahir votre incognito.

A propos d'incognito, en voilà un dont je ne me serais pas douté, si l'obligeant Catalogue ne m'eût mis au fait.

N° 557. *Apollon parmi des Bergers.*

Quoi! c'est vous, Dieu des beaux-arts! Phœbus, aux tresses dorées, qui a pu vous déguiser ainsi ?

Air : *L'attraction, dont l'effet est très-clair.*

Dans ce troupeau de bergers sans troupeau,
    J'ai grand peine à vous reconnaître ;
Pour avoir fait tomber le feu dans l'eau,
    Jupiter vous envoya paître :
      Ici vous courez un danger,
      Qu'il n'avait pas prévu sans doute ;
      Votre grand chien veut vous manger ;
      Vous prend-il donc pour une croûte ?

Nᵒ 885. *L'Amour dompte la Force.*

Mais je vous laisse là pour dire un mot à ce lion, dompté par l'Amour. Il ressemble bien à celui d'Androclès, peint par Louis Riquet ; c'est la même manière, le même coloris. Ces deux bêtes, si elles ne sont pas de la même famille, sont au moins nées dans la même contrée. M. van Brée, votre amour est un *pauvre* amour : il a les bras bien maigres ; il paraît qu'on le laisse mourir d'inanition, et j'ai peine à en trouver la cause.

Air : *C'était le soir.*

Pour la beauté c'est une amorce
Qu'un tel tableau :
Quoi ! tu joins l'amour à la force,
Ah ! c'est fort beau.
Par malheur ta force est domptée
Sans trop d'effort ;
Ami, ta sentence est portée,
Tu n'es pas fort.

Nᵒ 632. *Mademoiselle de Clermont traversant à deux heures du matin les jardins de Chantilly.*

O nuit ! consolatrice des malheureux, protectrice des amours, que tes voiles sont bienfaisantes ! tu donnes le repos au monde, tu endors les jaloux ; et, grâce à l'obscurité de tes ombres, les peintres sont dispensés du coloris, de la composition, de l'expression, et des innombrables difficultés dont le dieu du jour entrave toujours leurs pinceaux.

De grâce, ne refuse pas à nos artistes, tes ténèbres favorables ; épaissis-les sur tous leurs tableaux, et défends-les si bien du plus léger rayon, que la critique n'y voye rien à reprendre.

Le tableau d'histoire 632 n'est point éloigné de ce genre de perfection ; mais il n'est pas encore assez complètement noir ; car on voit trop *clairement* que Mademoiselle de Clermont aurait pu avoir plus de majesté, plus de grâce ; qu'elle pouvait accrocher sa robe sans tomber ; ce qui n'est pas du tout majestueux. D'ailleurs, ce fromage blanc qui remplace la lune ne devrait pas jeter tant de clarté : sans cette tache, le tableau ressemblerait assez à ceux dont les professeurs de calculs ont coutume de meubler leurs classes, et qui, avec un bon catalogue, pourraient figurer ici comme des paysages nocturnes, ou des pages lugubres de l'histoire.

Est-il rien en effet d'aussi commode qu'un catalogue ?...

N° 888. *Le Berger et le Roi.*

Comment aurais-je su, sans celui dont j'ai toujours soin de me munir, que ce prélat, en habits sacerdotaux, gesticulant sur le devant du tableau 888, n'y jouait qu'un rôle très-secondaire, et que le héros de la fête, ou plutôt le *dindon* de la farce, était cet homme assis, emmailloté de draperies, et qu'on voit à peine sur le dernier plan.

N° 641. *Christine, Reine de Suède, faisant assassiner son amant.*

Sans son aide encore, aurais-je deviné que ce dos, ces cheveux, cette queue de robe, qui forment le principal personnage du tableau 641, étaient le dos, les cheveux et la robe de Christine, reine de Suède; et que cette Christine faisait assassiner, dans le moment même, Monaldeschi, son écuyer et son amant?. — Méchante femme! allez : vous fîtes très-bien de tourner le dos à votre malheureux favori, lorsqu'à genoux, il vous conjura de lui laisser la vie. M. Lesage aurait été trop embarrassé, s'il avait fallu exprimer sur votre visage les diverses passions qui vous agitaient, quand vous disiez :

Air : *Partant pour la Syrie.*

Que le perfide meure
Puisqu'il fut inconstant ;
Qu'on poignarde sur l'heure
Mon infidèle amant.
Périsse tout parjure
Qui blesse ainsi l'amour !
Vas, cette *nuit* obscure
Sera ton dernier *jour.*

En vérité ! Dieu me garde de l'amour des Souveraines. La reine Jeanne, la reine Elisabeth, la reine Christine, en voilà trois qui ont fait mourir leurs amans. Ces amantes-là ne plaisantaient pas ; ce qui les blessait était crime de Lèze-Majesté : et les femmes se blessent si étrangement ! elles vous tiennent si peu de compte de la bonne volonté !… Ah ! M. Lesage, que vous auriez à trembler si Christine était vivante !

N° 159 (*bis*). *Eudor et Velléda.*

O prêtresse de Teutatès ! vierge de l'île de Sayne, divine Velléda ! est-ce vous que je vois ? Oui, sans doute, je vous reconnais. A quoi, le dirai-je ? A votre faucille d'or que j'aperçois à vos pieds. Mais où donc est votre tunique noire, votre baudrier d'airain, votre couronne de verenne ? Qu'est devenu cet air à la fois sévère et

insiré, cet air étranger à la vie , qui devait ca-
ractériser votre figure céleste?

Pourquoi tournez-vous le dos à la mer dans
laquelle vous alliez vous précipiter ?... Pourquoi
êtes-vous si matérielle , si peu découpée ; en un
mot, pourquoi avez-vous la tournure de Colom-
bine , vous qui êtes le plus adorable fantôme
qu'ait créé l'imagination ?... Que signifie , dites-
moi , ce fatras de manteaux qui fait masse à
votre droite ?

Air : *Pégase est un cheval qui porte.*

En vous voyant si pomponnée
De vous je n'ai pas trop pitié ;
Pour une fille infortunée
Vous êtes sur un *très-grand pié :*
De vous les regards sont avides ;
Mais on ne conçoit vraiment pas ,
Qu'ayant les jambes *si solides,*
Vous puissiez faire des faux pas.

Encore un sujet indiqué par M. de Château-
briant :

N° 520. *Sully dans la retraite.*

Ce grand ministre n'est pas plus heureux que
son maître cette année ; il est aussi mal traité
par les belles , et cela doit être ; on sait qu'il
l'aimait trop pour ne pas vouloir partager sa
mauvaise fortune.

N° 562. *Herminie, et Tancrède blessé.*

Par exemple , M. Lagréuée , cela n'est plus du domaine de la plaisanterie. Le portier ne vous a donc pas vu, quand vous avez apporté ici ce tableau d'Herminie et de Tancrède... Qu'est-ce, dites-moi, que cette tête d'Herminie ?... Ressemble-t-elle à Herminie ? Ressemble-t-elle même à une tête ?... A-t-elle des traits , des ombres , une espèce de coloris bon ou mauvais ?... Qu'est-ce que ce Tancrède violet avec son sang couleur de rose ? Qu'est-ce, qu'est-ce que tout votre tableau ?.. Et il y a un Muséum ! Allons , Messieurs, allons voir les boutiques du faubourg Saint-Marceau ou de la Rapée.—Pardonnez-moi ce coup de pierre, Messieurs du Public ; ce n'est assurément pas moi qui suis l'agresseur.

N° 1345. *Etude de Chêne.*

Passons ce tableau monochrome ; je le dis une fois pour toutes : je veux dans un paysage des formes et des couleurs , et je n'entrerai en composition sur aucun de ces deux points, ni avec la paresse , ni avec le défaut de talens des artistes. — Je suis vraiment de mauvaise humeur aujourd'hui ; ces gens-là me changent le caractère.

Si je venais souvent ici, je deviendrais triste comme leurs tableaux.

N° 265. *Une Veuve au tombeau de son Époux.*

Dans la disposition chagrine où je me trouve, je veux pleurer un peu avec cette jolie veuve. Le fait est qu'il n'y a point sujet à s'égayer dans ce tableau : il est bien composé, d'un dessin gracieux, d'une exécution agréable, le coloris en est un peu faible, mais il faut penser que l'auteur est d'un sexe dont la faiblesse est un des plus aimables attributs.

N° 327. *Dévouement de Cimon, fils de Miltiade.*

Place, place, Messieurs, voilà le moment ou jamais non de faire usage de mon rocher; un tableau d'histoire de grande dimension : le dévouement de Cimon, un des sujets les plus beaux, les plus riches en expressions sublimes et touchantes; un de ceux qui prêtait le plus au grand jeu de la lumière, aux talens anatomiques. Quoi de plus héroïque en effet que ce Cimon, digne fils du grand Miltiade, s'offrant de porter les fers sous lesquels son père a succombé? et comment M. Dubois a-t-il exploité une mine aussi riche ? Que vois-je dans son tableau ? trois personnages : Cimon, son père, et le misérable geolier, dont l'ignoble profil, presque perdu dans l'ombre, se trouve fort surpris d'être en butte à tous les regards qui s'y jettent de suite, ne trouvant pas d'autre figure dans le tableau.

AIR : *La bonne aventure, au gué.*

SAVEZ-VOUS comme en ces lieux
    Nous peignons l'histoire ?
Voyez ces trois malheureux
    Dans la prison noire ;
L'un est mort, l'autre caché,
L'autre dans l'ombre enfoncé ;
    Et voilà l'histoire,
      Au gué !
    Et voilà l'histoire !

Et l'expression, où donc est-elle ?... — Dans les draperies. — Et cette horreur mêlée d'amour et de douleur qui devait animer la figure de Cimon ? Et sa résignation héroïque ? Où tout cela se peint-il ? — Dans ses cheveux. Ah ? M. Dubois, qu'est-ce que des impressions qu'il faut tirer par les cheveux ? Vous avez fait une gasconnade, et une *gasconnade* renouvelée des *Grecs.*

AIR : *Il faut quitter ce que j'adore.*

DUBOIS boit-il dans l'hypocrène ?
    —Non, mais dans la Garonne il boit ;

De lui ne soyons pas en peine,
S'il n'est pas fort, il est adroit :
Il vole au temple de mémoire ;
Messieurs, Dubois sera du bois
Dont on fait les peintres d'histoire,
Si jamais on les fait de bois.

Nº 1379. *Chevaliers allant au tournois.*

Voilà encore trois chevaliers qui ont des figures très-expressives avec leurs visières baissées. Ce tableau a sans doute été mis ici pour faire le pendant du Cimon de M. Dubois. — Bon voyage, Messieurs les Preux, allez-vous battre pour vos belles, et ne vous amusez pas à rompre des lances contre les critiques, vous n'arriveriez pas vivans au tournois.

Nº 102. *Intérieur d'Église.*

Encore un intérieur d'église : je suis fatigué des piliers gothiques, des voûtes, des carreaux en damier. Il n'y a qu'une très-grande perfection qui puisse faire aimer ce genre de productions, dont quelques-uns de nos grands maîtres ont épuisé la mine très-peu fertile.

Nº 377. *Le Petit Chaperon Rouge.*

Bonjour, joli Petit Chaperon Rouge ; que je suis alarmé du danger que tu coures ! Ce loup

va bien certainement te dévorer, car *tu es gentil
à croquer.*

Écoutons cependant votre petit dialogue.

« Oh ! mon Dieu ! ma mère grand , comme
vous avez de grands bras ! »

AIR : *En raccourci , belles je veux.*

    « C'EST pour arrêter le bon goût
    » Qui veut s'enfuir de sa patrie ;

« Ah ! comme vous avez de grands pieds ! »

    » C'est pour écraser tout d'un coup
    » Le clinquant et l'afféterie ;

« Ah ! comme vous avez de grands yeux ! »

    » C'est qu'ici j'ai bien à pleurer ;

« Ah ! comme vous avez de grandes oreilles ! »

    » C'est pour ressembler aux artistes;

« Ah ! comme vous avez de grandes dents ! »

    » C'est pour mordre et pour déchirer
    » Leurs tableaux si froids et si tristes. »

'A demain , Messieurs ; si cela vous amuse ,
nous recommencerons notre petite revue.

(Incessamment le N° II.)

DE L'IMPRIMERIE D'HERHAN.

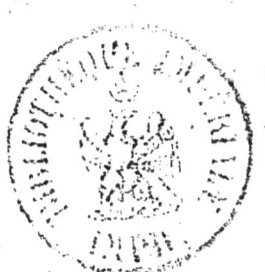

www.ingramcontent.com/pod-product-compliance
Lightning Source LLC
Chambersburg PA
CBHW030125230526
45469CB00005B/1796